Christian Tielmann

nació el año 1971 en Wuppertal, Alemania;
es germanista, y sobre todo muy optimista.
Actualmente vive en Colonia y desde 1999
escribe libros para niños.

Anne Möller

nació el año 1970. En un principio trabajó como
encargada de la producción de libros originales y
posteriormente estudió ilustración en la universidad
FH de Hamburgo. Desde el año 1998 trabaja por
su cuenta como dibujante para diferentes editoriales.

Christian Tielmann (texto)
Anne Möller (ilustraciones)
Título original: *Was unser Körper alles kann*
Traducción de Christiane Reyes

© Patmos Verlag GmbH & Co. KG, Düsseldorf, 2005
© de la edición castellana:
EDITORIAL JUVENTUD, S. A., 2006
Provença, 101 - 08029 Barcelona
www.editorialjuventud.es
Primera edición, 2006
ISBN 84-261-3507-2
Núm. de edición de E. J.: 10.640

Christian Tielmann / Anne Möller

Conozcamos nuestro cuerpo

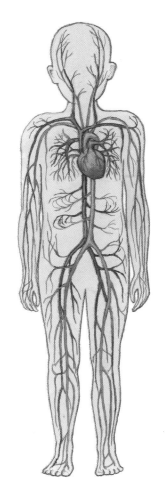

 Editorial
Juventud

¿Conoces tu cuerpo?

¿Conoces tu cuerpo? Claro que sí, vives dentro de él. Naturalmente sabes cómo es tu pelo y tus ojos, el dedo gordo del pie, las orejas, la nariz, el pecho, las piernas, el ombligo, la boca, la lengua. Quizá hasta sepas dónde tienes el corazón. Y tu trasero, también sabes dónde está, ¿no?

Pero ¿sabes por qué podemos doblar el brazo por el codo y por el hombro, y no podemos doblar el resto del brazo? Y ¿por qué no oímos nada con la nariz, pero sí con las orejas? Y ¿por qué el bocadillo que comemos por la mañana acaba en la taza del váter al día siguiente hecho una bola?

El esqueleto

¿Por qué tenemos la cabeza tan dura y la barriga
tan blanda? Lo que nos parece tan duro son los huesos.
Los huesos protegen y sostienen el cuerpo.
Las personas tienen muchos huesos.

Los huesos del cráneo protegen el cerebro.

Las costillas se pueden mover. (Si inspiras
profundamente y te miras el pecho, lo verás.)

El antebrazo tiene dos huesos.

Debajo de las costillas no tenemos huesos,
por eso la barriga es blanda.

En la mano también tenemos huesos, que llegan
hasta la punta de los dedos.

El hueso más largo y estable del ser humano
es el hueso del muslo, el fémur.

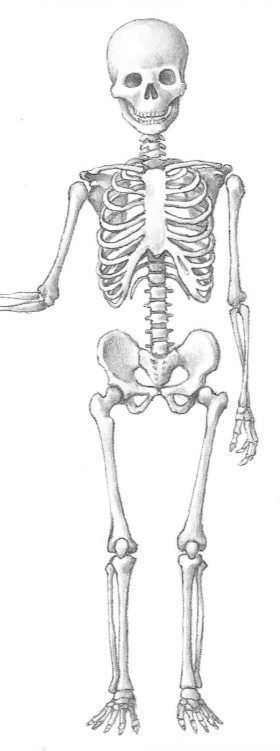

Los huesos son rígidos como palos.
Pero nuestros brazos y piernas no son rígidos,
gracias a las articulaciones. Las articulaciones
son aquellos puntos en los cuales dos huesos
se unen para que se puedan mover. Tenemos
articulaciones en los brazos (hombros, codos,
muñecas, nudillos) y en las piernas (articulación
de la cadera, rodillas, articulaciones del pie,
articulaciones de los dedos del pie, etc.)

¿Qué son esos bultitos
que tenemos en la espalda?
¡Mira debajo de la solapa!

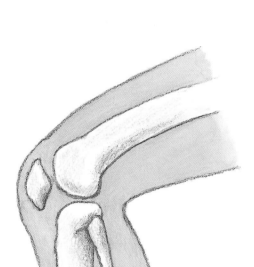

A ver, ¡enseña tus músculos!

Ningún coche puede arrancar sin motor. A nuestro cuerpo le pasa algo similar: sólo que en vez de motor, tenemos músculos.

Los músculos son trozos de carne que cubren los huesos, y se unen en los extremos gracias a los tendones. Los músculos pueden contraerse, pero no pueden volver a estirarse por sí solos. Por eso, para muchos movimientos necesitamos dos músculos: uno que dobla la articulación y otro que vuelve a ponerla recta.

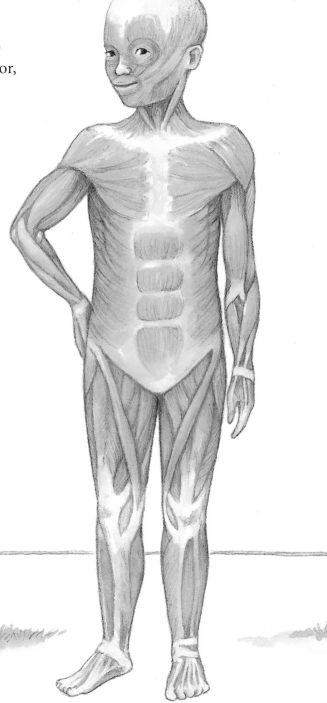

Cuando doblamos el antebrazo,
por ejemplo, los músculos del brazo
se contraen en la parte superior.

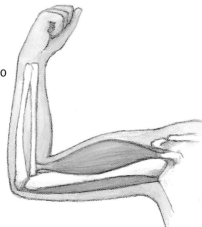

Para que podamos volver a extender el brazo,
los músculos del brazo se tendrán que contraer
en la parte inferior.

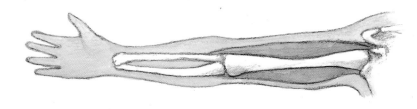

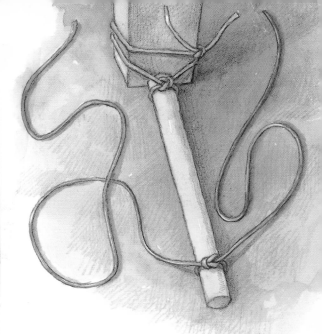

Con este juego podéis ver cómo funcionan
los músculos: cada músculo puede tirar
de una cuerda, pero una vez estirada ya
no puede volver atrás.

Para el juego del músculo necesitáis:
2 pedazos de cuerda, 1 palo, 3 jugadores,
unas canicas.

**¡Mira debajo de la solapa
para ver cómo se juega!**

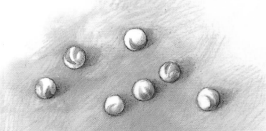

Aspirar y espirar el aire: la respiración

No importa que estemos despiertos o dormidos: mientras vivimos, no podemos dejar de respirar. Respirar significa agarrar aire y luego expulsarlo. Y eso podemos realizarlo a través de la nariz o de la boca.

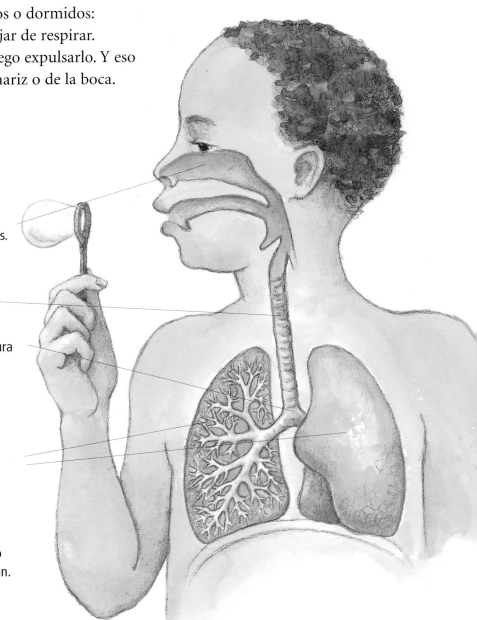

Al inspirar, el aire entra por las dos ventanas de la nariz hasta las fosas nasales.

A través de las fosas nasales el aire baja hacia la tráquea, que se encuentra en la garganta.

La tráquea se divide más o menos a la altura de tu pecho. Una parte del aire se dirige hacia la izquierda y otra hacia la derecha.

Debajo de las costillas se encuentran los pulmones, con un lóbulo en el costado izquierdo y otro en el derecho. Los lóbulos son una especie de fuelles que se llenan de aire y lo vuelven a echar.

Los pulmones nos proporcionan aire fresco y, cuando ya lo hemos utilizado, lo expulsan.

Cuando hace frío,
el aire tibio de tu
aliento se convierte
en una pequeña nube.

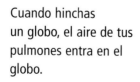

Cuando hinchas
un globo, el aire de tus
pulmones entra en el
globo.

¿Qué cantidad de aire cabe en tus pulmones?

¡Debajo de la solapa verás cómo puedes averiguarlo!

Necesitarás: una botella de plástico de 2 litros, una palangana, una paja flexible.

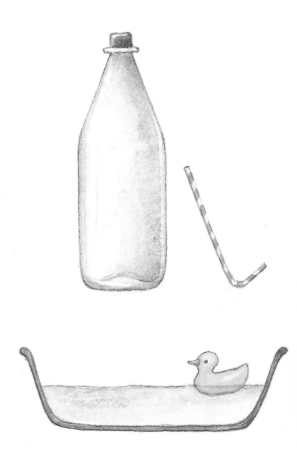

La sangre

Un coche no funciona si no lleva combustible. El cuerpo humano funciona igual, sólo se pone en marcha si se le proporciona combustible. El combustible que necesita el cuerpo son las sustancias nutritivas. Estas sustancias se ingieren con la comida y se distribuyen a través de la sangre por todo el cuerpo.

Nuestro cuerpo también necesita oxígeno. Sin él no puede vivir. El oxígeno es un gas que se encuentra en el aire, pero ¿cómo penetra el oxígeno desde el aire a todas las partes del cuerpo donde se necesita? Ésa es la función de la sangre.

Cuando inspiramos, nuestros pulmones absorben oxígeno del aire. Los pulmones son una especie de depósito donde la sangre se provee de oxígeno procedente del aire que respiramos.

Desde los pulmones, la sangre circula hacia el corazón. El corazón bombea la sangre y la impulsa a través de unos vasos sanguíneos por todo el cuerpo. Estos vasos sanguíneos se llaman arterias.

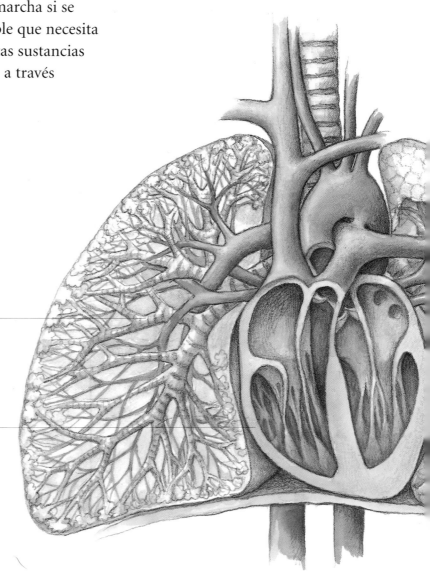

Las arterias se extienden hasta el dedo pequeño del pie y hasta el cerebro. Por ellas fluye la sangre que hace llegar todas las sustancias nutritivas (así como el oxígeno) allí donde se necesitan.

El cuerpo no sólo necesita sustancias nutritivas, también tiene que deshacerse de los residuos. Una parte de esos residuos se elimina con la sangre en su camino de vuelta hacia el corazón, a través de otros vasos sanguíneos, las venas. El corazón bombea esa sangre hasta el pulmón. En los pulmones, esos residuos son expulsados con la espiración, ¡como si se tratara de un tubo de escape de un coche!

Si pusiéramos todos los vasos sanguíneos, hasta los más pequeños, unos detrás de otros, ¿cuál crees que sería su longitud?

Debajo de la solapa se encuentra la respuesta.

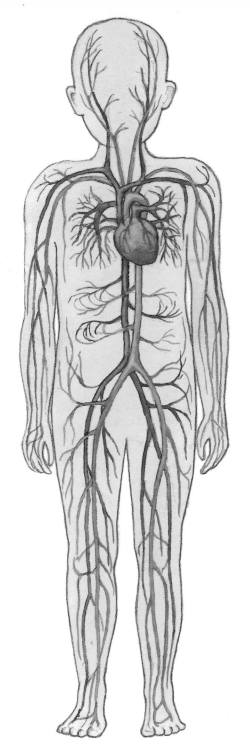

¡A ver tus dientes!

Los dientes sirven para desmenuzar la comida antes de tragárnosla. Tenemos diferentes tipos de dientes en la boca, que tienen distintas funciones.

Así son tus dientes en la boca:

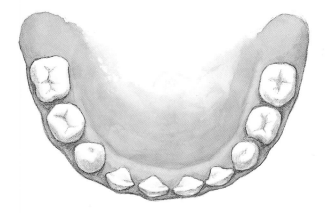

En la parte posterior están las muelas. Con ellas podemos moler la comida hasta convertirla en papilla.

Los dientes de la parte anterior, arriba y abajo, se llaman incisivos. Tienen los bordes cortantes que te permiten morder los alimentos.

Ésta es la dentadura de un adulto.

Al lado de los incisivos se encuentran los colmillos, que son puntiagudos.

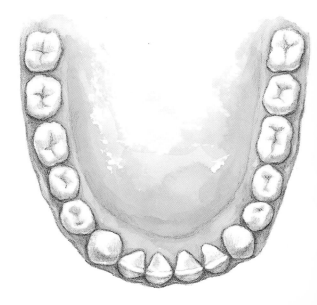

¡Socorro! ¡Se mueve!

Los primeros dientes que te salen de pequeño se llaman dientes de leche. Son más pequeños y menos numerosos que los dientes permanentes de los adultos. A los seis años, más o menos, uno de los incisivos empieza a moverse y cae al cabo de unos días. Eso ocurre porque el nuevo diente permanente está creciendo. Poco a poco, los veinte dientes de leche se sustituyen por dientes permanentes. Alrededor de los trece años tienes todos los dientes permanentes excepto las cuatro muelas del juicio. En la página anterior puedes ver la dentadura permanente completa de un adulto. Se compone de 32 dientes.

Desgraciadamente la saliva en la boca no es suficiente para mantener los dientes limpios. Por eso debemos cepillarlos tres veces al día, después de cada comida, para que no se nos estropeen.

Los bebés no tienen dientes, ¿no? ¡Mira debajo de la solapa!

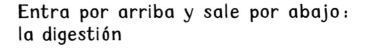

Entra por arriba y sale por abajo: la digestión

¿Cómo se convierte el bocadillo del desayuno en eso que expulsamos en el váter? Tiene que recorrer un camino bastante largo…

En la boca masticamos el bocadillo para triturarlo y luego tragarlo. El bocadillo masticado se desliza a través de un conducto, el esófago, hasta llegar al estómago. Dentro del estómago, que es hueco y dilatable como un globo, el bocadillo sigue siendo desmenuzado mediante un líquido, el jugo gástrico. Desde el estómago, esa especie de papilla se desliza dentro de otro conducto más largo: el intestino. Allí los alimentos se descomponen. Las sustancias nutritivas que el cuerpo necesita traspasan la pared intestinal para ir a la sangre. El resto, lo que el cuerpo no puede utilizar, continúa bajando por el intestino hasta el final. El final del intestino es el ano. Por él salen los excrementos, o los gases si tragamos aire. La sangre, que transporta las sustancias nutritivas desde el intestino, circula por los riñones, donde la sangre se depura. Las sustancias que el cuerpo no puede aprovechar pasan de los riñones a la vejiga. ¿Y qué pasa cuando la vejiga está llena? Entonces, tenemos que orinar para vaciarla.

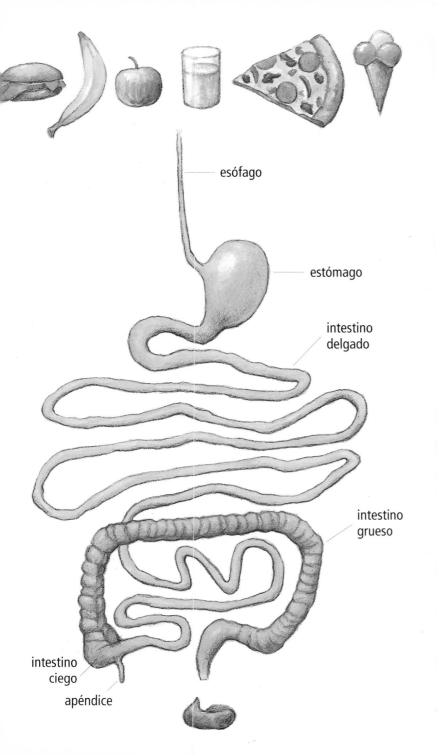

¡Adivina cuál es la longitud del recorrido que hace un bocadillo a través del intestino!

esófago

estómago

intestino delgado

intestino grueso

intestino ciego

apéndice

No perdamos la cabeza

Dentro de la cabeza tienes algo muy importante:
el cerebro. El cerebro es fofo como un flan,
¡pero ahí termina la comparación!

El cerebro es el timón y la sala de mandos de
tu cuerpo y tiene muchas tareas: lo necesitamos
para poder pensar, pero también para poder
soñar, hablar y para poder entender a los demás.
En el cerebro se controla todo lo que vemos con
los ojos, oímos con los oídos, olemos con la nariz
y sentimos con la piel. Y no sólo eso: el cerebro
también indica al cuerpo lo que tiene que hacer.

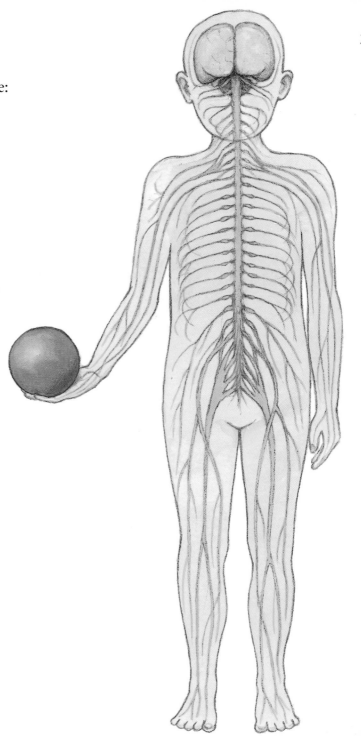

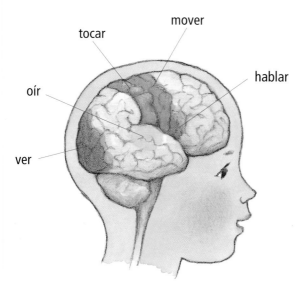

mover

tocar

hablar

oír

ver

Puedes comprobar lo rápido que funciona
el sistema nervioso haciendo lo siguiente:
pon una pierna encima de la otra y pide a
alguien que con el canto de la mano
(con cuidado) dé un golpe en la rodilla
(por debajo de la rótula). Cuando te golpee,
debes dejar la pierna totalmente relajada.

¿Qué pasa?

Si ves por ejemplo que Pablo te tira la pelota,
tus ojos señalan al cerebro que algo está volando
hacia ti. El cerebro percibe que es una pelota.
Inmediatamente se acuerda de que la pelota
se recoge, por eso da la orden a los brazos y las
manos de atrapar la pelota. Esa orden llega
a toda velocidad desde el cerebro a través
de las vías nerviosas hasta los brazos y las manos.
Las vías nerviosas son parecidas a las líneas
telefónicas. Transmiten las órdenes del cerebro
con la rapidez del rayo, una rapidez tal que, en
el caso de que Pablo no te tire una pelota, sino
una bola de nieve por ejemplo, puedes esquivarla
agachando la cabeza...

¡Abre los ojos!

Para ver necesitamos ojos. Ponte delante del espejo y observa tus ojos de cerca. ¿Qué es lo que ves?

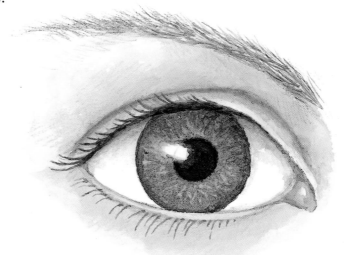

Ves una cosa blanca, es el globo ocular.

En medio del ojo verás algo negro. Es la pupila, o niña del ojo. A través de ella la luz penetra en el ojo.

Alrededor de la pupila está el iris. El color del iris es el color del ojo. Algunos tienen los ojos azules, otros marrones, otros verdes, grises, o marrones con manchitas verdes.

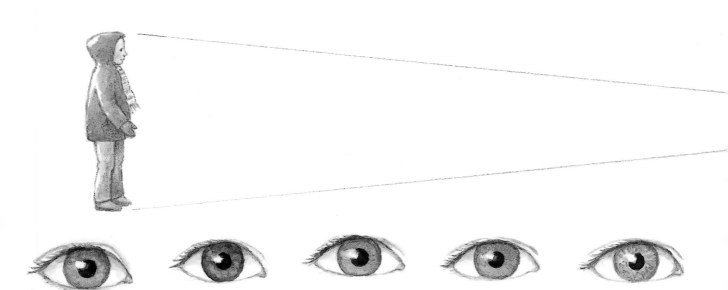

La parte importante del ojo no se puede ver desde el exterior. Detrás de la pupila se encuentra el cristalino. Si queremos ver algo tiene que haber luz. Los rayos de la luz penetran en el cristalino a través de la pupila. El cristalino enfoca la imagen y la proyecta sobre la parte posterior del globo ocular.

Esa parte posterior se llama retina. La imagen proyectada sobre la retina es enviada al cerebro a través del nervio óptico (que vuelve a ser una especie de línea telefónica). Y el cerebro indica entonces lo que vemos, por ejemplo un niño o una bola de nieve.

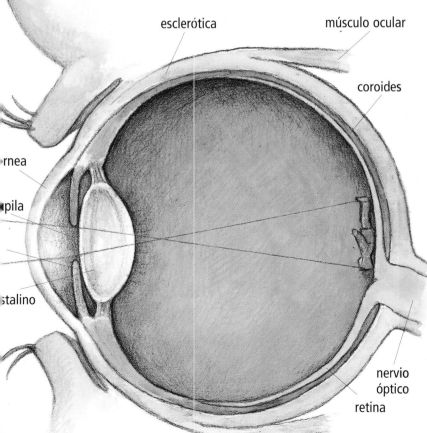

esclerótica

músculo ocular

coroides

rnea

pila

stalino

nervio óptico

retina

Busca a alguien con quien puedas hacer una prueba y encerraos en una habitación oscura. Enciende la luz sin avisar y mira a la otra persona fijamente a los ojos.

¿Qué pasa?

¡Aguza los oídos!

Para oír necesitamos los oídos. El oído se divide en tres partes, y casi todo está escondido dentro de la cabeza.

Desde fuera vemos la oreja y el principio del conducto auditivo. La oreja es la encargada de captar todos los ruidos, sonidos y voces que podemos oír.

El conducto auditivo es un callejón sin salida: el tímpano bloquea el camino. El cerumen mantiene húmedo el conducto auditivo y permite que la suciedad y residuos de piel puedan salir fuera del conducto.

Detrás del tímpano se encuentra el oído medio. El oído medio amplifica el sonido que golpea contra el tímpano, y lo transmite al oído interno.

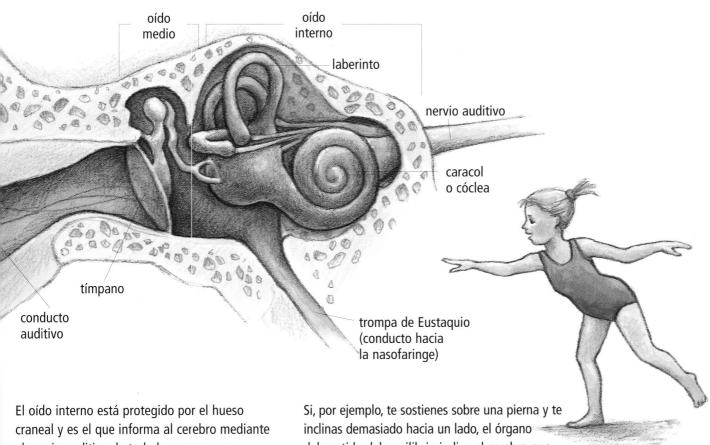

oído medio

oído interno

laberinto

nervio auditivo

caracol o cóclea

tímpano

conducto auditivo

trompa de Eustaquio (conducto hacia la nasofaringe)

El oído interno está protegido por el hueso craneal y es el que informa al cerebro mediante el nervio auditivo de todo lo que se oye. En el oído interno se encuentra otro órgano importante: el laberinto. Éste informa al cerebro si el cuerpo está en equilibrio o si está a punto de caerse.

Si, por ejemplo, te sostienes sobre una pierna y te inclinas demasiado hacia un lado, el órgano del sentido del equilibrio indica al cerebro que te vas a caer. Entonces el cerebro da la orden a la parte superior de tu cuerpo de inclinarte un poco hacia el lado opuesto para que recuperes el equilibrio.

¡Puaj, eso no me gusta!

Para averiguar si algo sabe horrible o rico, ¿con qué
lo probamos? ¿Con la lengua? Sí, pero ¡sólo en parte!
Hay muchas cosas que no podemos probar con la lengua;
¡sólo las olemos con la nariz! Por eso la comida no
nos sabe a nada cuando estamos acatarrados o tenemos
la nariz tapada.

Con la lengua sólo podemos
percibir el gusto de cuatro sabores

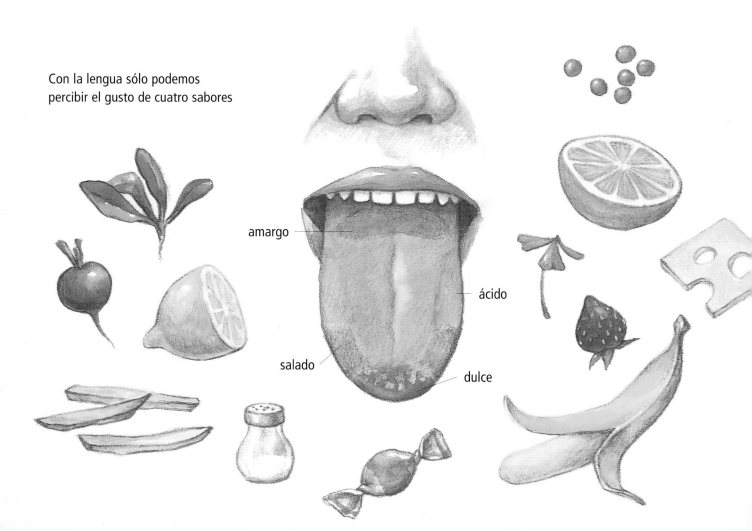

amargo

ácido

salado

dulce

El resto de gustos (el de la nuez, la manzana,
el chocolate, etc.), podemos únicamente olerlos.
Porque la mayoría de los nervios gustativos
se encuentran en la parte superior de la nariz,
directamente debajo de la parte anterior del cerebro.

Las sustancias que olemos las percibimos mediante
unos pelitos muy finos y se transmite al cerebro
a través de los nervios olfativos. Luego, el cerebro
pone en marcha otras acciones: por ejemplo la
sensación de asco y el gesto de taparse la nariz
cuando algo huele mal. O el hecho de que salivemos
cuando alguna comida huele muy bien.

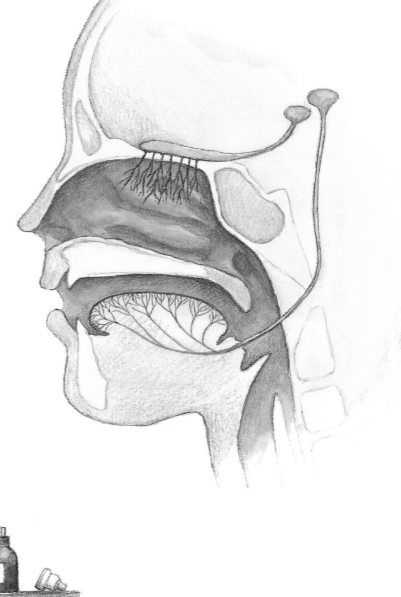

Si alguna vez tienes que tragarte un
medicamento que no te gusta, puedes utilizar
el siguiente truco: tápate la nariz y trágatela.
Verás que de esta forma casi no notas el sabor.

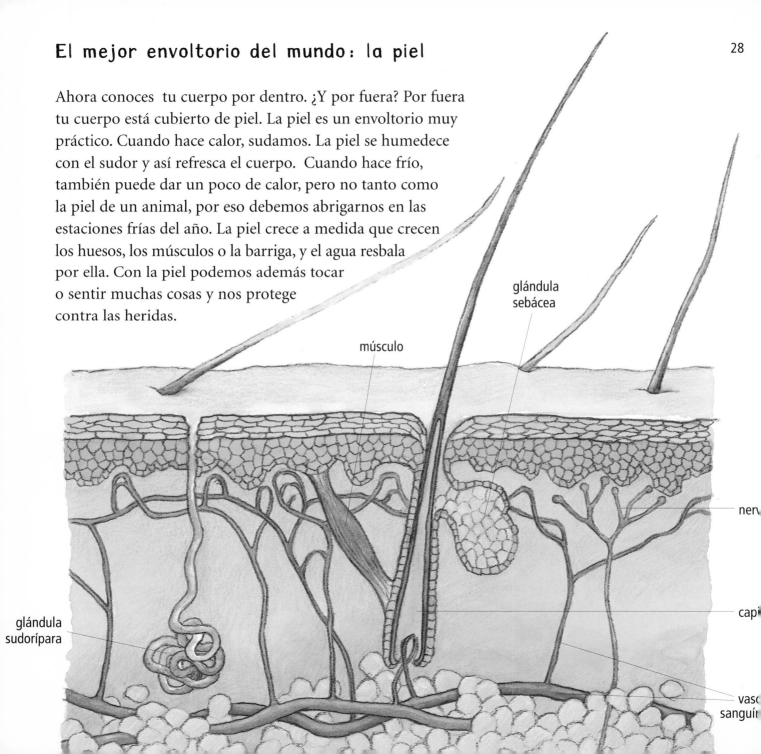

El mejor envoltorio del mundo: la piel

Ahora conoces tu cuerpo por dentro. ¿Y por fuera? Por fuera tu cuerpo está cubierto de piel. La piel es un envoltorio muy práctico. Cuando hace calor, sudamos. La piel se humedece con el sudor y así refresca el cuerpo. Cuando hace frío, también puede dar un poco de calor, pero no tanto como la piel de un animal, por eso debemos abrigarnos en las estaciones frías del año. La piel crece a medida que crecen los huesos, los músculos o la barriga, y el agua resbala por ella. Con la piel podemos además tocar o sentir muchas cosas y nos protege contra las heridas.

glándula
sebácea

músculo

nerv

cap

glándula
sudorípara

vaso
sanguí

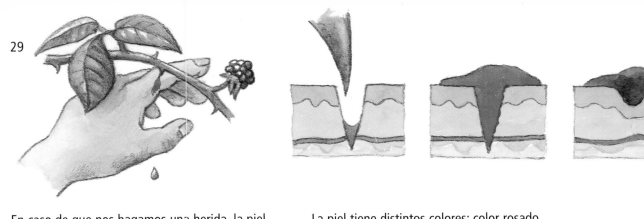

En caso de que nos hagamos una herida, la piel del cuerpo se cura sola: la sangre se seca y tapa el agujero en la piel para que no nos desangremos. Primero se forma una costra, luego aparece una cicatriz, sin que tengamos que intervenir. Sólo cuando las heridas son muy grandes o muy profundas el médico tiene que dar puntos en la herida para que la piel vuelva a cicatrizar.

La piel tiene distintos colores: color rosado en muchos europeos (ese color de piel se llama «blanco»), marrón oscuro en la mayoría de los africanos (ese color se llama «negro»). Otros tienen una piel de color cobrizo (como los indios de América del Norte y del Sur) o de color marrón claro como la mayoría de la gente de Asia Oriental. Y en la India, mucha gente tiene la piel del color del bronce. En cambio, no hay ninguna persona que tenga la piel rayada como la de las cebras o moteada como la de las jirafas. Un poco aburrido, ¿verdad?